AF208337

FSC
www.fsc.org
MIX
Paperi vastuul -
lisista lähteistä
Paper from
responsible sources
FSC® C105338

Mauri Laakkonen

Iliman pipua

runoja kalajokilaakson murteella

Runot ja taitto: Mauri Laakkonen
Murre sanojen tarkastus: Pirkko Isokääntä
Kannen kuva: Arja Laakkonen

© 2023 Mauri Laakkonen

Kustantaja: BoD – Books on Demand, Helsinki, Suomi
Valmistaja: BoD – Books on Demand, Norderstedt, Saksa
ISBN: 978-952-33-0269-3

Johdanto

Tämä murrerunokirja on neljäs kalajokilaakson murteella kirjoittamani teos, jossa tapailen lapsuuteni sanoja, jotka ovat valtaosaltaan kadonneet, mutta puhetta kuullessa palautuvat yleisimpien ilmaisujen osalta muistiin. Erityisen antoisaa on keskustella murteensa säilyttäneiden henkilöiden kanssa. Virikkeen näiden kirjojen syntyyn antoi Alavieskan kunnankirjastossa järjestetty tilaisuus, jossa julkistettiin poikavuosieni muistelot **Kossina Taluksessa** *(2015).*

Jotta kotikylällä, tässä kirjasessa tapailtu kieli olisi oikeaa tai lähes oikeaa, on tekstien pahimpia harharetkiä oikonut **Pirkko Isokääntä***, josta hänelle jälleen suuret kiitokset.*

Hausjärvellä maaliskuussa 2023

Mauri Laakkonen

5

Julkaistut muistelmat

2015: *Kossina Taluksessa*
ISBN: 9789523182844

Julkaistut murrerunokirjat

2016: *Kossi Taluksesta*
ISBN: 9789523397996

2017: *Karvalakin alta*
ISBN: 9789515688132

2019: *Komialta näyttää*
ISBN: 9789528076155

2023: *Iliman pipua*
ISBN: 9789523302693

1. Iliman pipua

Siinä se taas mennee
se on kova urheileen
tuo mies, vanaha ukko
     eilen se juoksi tuosa tiellä
tännään näkkyy kävelevän
     joskus polokupyörällä ajjaa

Niin ja talavella se
potkuttellee potkukelekalla
     tuonne kylille ja
ko lunta on vähäsenki
niin sänkipellolla hihtää
     tykkää sauvvua rivakasti.

Sitä ihimettelen
aina se on avopäin, talavellakin
     iliman pipua!

2. Rutosti nähäny

Leviä on miehen takki
ovat olatkin topattu
ei puutu ennää ko hattu
tai lakki, ko on jo takki

Vanaha ei oo ikivanaha
on vaan liki puolet ijästä
on siis vielä pitua vajjaa
ko saumat ei vuoja

Rutosti se on kerenny
maailimaa nähä
ja monet pennut tuppaan tehä
mies sekä takki (ja lakki)
on tyttyä ja kossia (ja sisämaki)

3. Vanahuus

Rupiaa reunat repsumaan
ko suupielet käy vanahaksi
valluu puurua pitkin leukaa
eikä lusikalla kiinni saa,
ko jo tipahtaa, kiruaa ko
nauriskelloki iha sotkusa

Löysät leukaperät rutusa
ihan hirviästi löysää inua
roikkuu paijjan kauluksella
ko kalakkunalla, vähä ruma
lintu, elukka, pelijätys

makia mutustella oikiaa lihhaa
iliman hampaita, pelekillä ikenillä
eikä aina puurua, lusikalla mättää

4. Ootellaan kessää

Kevväällä
sitte kevväällä
ko vaalit on ohi.

Talavella
nyt talavella
sattaa lunta, oho
nykkö se jo suli

Tuli suvi, keli
tehhään lumiukkoja
sitte kevväämmällä
neki pois sullaa

Kevväällä
nyt kevväällä
ootellaan kessää
ko lumi sullaa

Ennen kessää
akkunat pestään
ko linnukki
rakentaa pessää

5. Eihän se niin oo

Outua on ajosa
kottiin joutua
ruveta raataan työasijoista
vappaa-ajalla

Outua on kävellä tyhyjää käytävää
ko ajatukset rupiaa heittään
pukkalullua

Ryhymäsä sanovat hoitsut
kossit on poitsut ja tytöt on giltsit

Ei, ei!
Eihän se niin oo
nyt syntyy HENKILÖ

Ranteesa sillä on muoviranneke
taitaa olla oikia MERKKIHENKILÖ.

6. Juhulia pittää

Tahon tahon
tahon tahon
aina vaan tahon
ja tahtomatakki unohdella

Pitää vihtiä, vihtiä
viitsiä ja aina vaan viitsiä
aina vaan enemmän
tehä ja viitsiä puuhastella

Leipua pittää, leipua
leipua leipää, rieskaa ja nisua
piirakkaki varmaan maistuis
paistuis, vois napostella

Juhulia pittää, juhulia
juhulan kunniaksi kaakku tehä
semmone josa on kerroksia
vahtua päällä ja persikoita

7. Villasukat

Suonikohojut kintuisa on kipiät

vihilovat ouvvosti

on iha säärikarvakki pystösä

ko olis pelijästyny

tai olis pakanen ja kylymä

Panin roksit jalakaan

ko olivat liika isot

oli pakko panna jalakohin

raijjalliset pitkävartiset

pässinpökkimät villasukat

Ny on hyvä ja komia olo

8. Ajat muuttuu

En kehtaa kahtua
en keinuttaa kehtua
vaikka kossi märisee
jotta kartiinit tärisee

Näkkyy olevan
naamasa punnaa ja räkkää
ko huutaa, pittää äläkkää
reppii peittua päältään

Tuttia jos koittas
    jos se sen suuhusa laittas
ehkä uniki maistas
    ko usiasti vaipat vaihtas

Ei oo ennää kusirättejä
harsovaippoja valakosia, nättejä
narulla kartanolla kuivumasa
käyttävät kertakäyttövaippoja

Uunisa raasu
monta halakua pallaa
tuottaa lämpyä
pakasta torjuu ja hallaa
        kossille lämpyä

14

9. Ennen vanahaan koulusa

Mehtäläisen penikka
näprää herätyskellua ja kahtoo
joko pittää kouluun lähtiä

Pimiä marraskuun aamu
on herreille saanu
ja täyttään koulureppua

Evvääksi limppua ja
pullo maitua, mukkaan
ruokaliina pulupetille pantava

Ämpärisä tännään pottusoppaa
on luokan etteen tuotava
keittäjältä koulun keittolasta

Ennen sopan jakua
sano opettaja, pittää nostaa
pulupetin kansi vaakatassoon

liina ja evväät essiin
kun soppa on lautasella
on ruokarukkous rukkoiltava

Kaikki on syötävä

mittään ei saa jättää

on maailimasa monta näläkästä

Ulukona sattaa

kuuluu ikkunalauvvalta ropina

luokasa pittää olla hilijaa

ja syöjä soppasa

10. Pärekatto

Se on luulua vailla valamis
komia pytinki rantteen kuppeesa
valakosin nurkkalauvvoin ja
aittaan pantiin pärreekki katolle.

Saa kahtua kahesti
jos ei kolomesti, niin on hyvä
ko paanukatto kirkosa.

Meijjän kartanolla ei nuukailla
ko puukki hajettiin omasta mehtästä
viime talavena kestohankia pitkin
ja kesällä saha laulo lautoja ja
pärekone pärreitä.

Nyt on aitta pystösä ja maalattu.

Syksyllä pittää kahtua
josko säpin panis ovveen,
ei täällä korvesa kukkaan
luvatta pyri sissään.

Usia sano että suosii huopakattua
vaa ei me siihen ryhytty, aateltiin
että pärreet on paras ratkasu.

17

11. Tarrat

Kyhynytä, kyhynytä kylijestä
raavi ja kaivele, viimesekki
tyhyjäksi se pittää hinkata

Panivat tarroja auton kylykiin
ilikeyksillään sotkivat, räkivät sylijellä
ko eivät saaneet tarroja irti

Rykäsi isäntä kahesti, kolomesti
ja alako kiruamaan niin saatanasti
tuli äkkiä akat kossien appuun

Kakarat noituu ja ämmät itkee
ko isäntä pyssyä hakkee, aikoo
ampua pilikkaa ja osua kymppiin

Ei, ei se pentuihin koske
eikä ammu akkoja kartanolle
varottaa vaan tarrojen limaajia

Ei siejä isäntä ilikivaltaa
ja jos suuttuu siinä möykkä alakaa
saa olla porukat karusa monta tuntia

12. Oma vuoro

Muranen on mieleni

muranen ko vasta kylyvetty

karhittu välttipelto ja

ajatukset ko kusiaispesä

josta ne kevväällä

auringon lämmösä

tihiästi kulukee ojan yli

Ootamma ommaa vuorua

13. Kevvään hupia

Palijo hupasia hupakoita

ko kevväällä

ojasa sammakoita

14. Lapaset pittää kutua

Pittää kutua
sukkaa ja pipua
ko tarttis pujoliivinki
ennen ko tullee talavi

Kevväällä kahtoin ojasa
on sammakon kutua
kohta nuijapäät menosa
kohen aikuisuutta

Oomma kahen kotona
kossit ja kaks tyttyä
poisa kotua, kaukana
omisa hommisa

Aina ne muistaa hokia
ko kevväisin lammikosa
oli sammakon kutua
sammakoita, myöhemmin kesällä

Kossit tarttee ens talavena
uuvvet lapaset ja sukkia
ja tyttöille kans
pari pipua

15. Löytää kotua

On se nättiä ko kaks löytää toisensa
ja yhesä alakaa ellää omasa kojisa
jo ennen vihkivallaa, sallaa, kahestaan

Elämä on yhtä pukkalullua patjoilla
vähemmän sitä ennää nykyään heinälajosa
yhesäolo alakaa, ko on pellolla vaan
niitä heinäpaaleja, ei yhen yhtä latua
tai jos on, taitavat jo pystöön lahota

Ussein löytää ihtensä mieluummin kotua
lojumasa sohovalla, oman kullan kainalosa
syömäsä vaikka jäätelyä ja varastamasa pusuja
ei haittaa vaikka jäis huulipunnaa
valakian paijjan kaulukseen

16. Koskettaa

Käjet olokapäällä
päivän alakaessa vietetään yhesä hetki
kiikkutoolisa katseitten kohatesa
kertavuu vuojet ja matka,
                aatosten reitti
olo yhesä on turvallinen retki
kahtotaan huomiseen,
                kätesi olokapäälläni
se koskettaa suoraan syvämmeeni.

17. Esson paarisa

Esson paarisa joskus
kävimmä porukalla istumasa
hörpättiin kahavit, limu tai pilsneri

Sitte tuli keskikalijan aika

Alakuun piti sallaa juua
ko kieltolain aikaan
moni syynäsi nokkavartta pitkin
ko raatasimma ilosemmin
kalijatuiskeesa

Tanssattiin välillä
johan nyt toki

18. Särkillä

Komia on meri
ko on pitkästi matalaa
joutuu kahalaan
monta sattaa metriä
jos uimaa aikoo

Poloveen asti vettä
melekeen rannasa
pienesä montusa

siinä voi uija käsipohojaa
kossit vaikka nakuna
persepylykkää tai mastua
sillee, niin ko sallaa
ettei herätä pahennusta

Särkillä hietaa piisaa
on se komia paikka

tuulella hietaa
suut ja silimät täyteen

19. Mehtäsä

Lahua puuta on mehtäsä
isosa pinosa, unohettuna
*   on mukava kahtua*
ko ötökät pittää pinua kotina

Kusiaiset tekkee pessää
kuusen juuresa, oksien varjosa
niillä hoppu
ko kaupungisa

Pittää varua, näin kesällä
ko polokuja pitkin voi luikerrella
kyy mokoma

Ei palijain jalloin uskalla
ko uhkarohkia

20. Kesä leppää

Kohahuttaa kylymät puhheet
enämpi ko pohojosen viiliä tuuli
saa puhheista heti moitteet
äksyt läksyt huomiselle
jotta jotaki oppis ja sitte ossais

Keviästi kesä niitulla leppää
puhaltellee hellästi korvaan
lämpyä talavia ootellesa
suhisee kissankellojen soittua
soutamaan muistin syvyyksissä

21. Näin unta

Pelasin venäläistä rulettia
iliman pyssyä, sihtasin
sallaa, silimät tirrillään
misä on tikkataulun kymppi

Yheksän kohalla pysähyin
häpiä tunnustaa
pelekäsin

Yömyssy on kiriä ohtalta
juotuna helepompi
viriä olo, parempi ko kylymä hiki
avannosa vielä viiliämpi
vaikka oli pipo pääsä

Näin unta
pelisä hävisin
en osunu

22. Huuruaa

Outua se taas on
ko joki huuruaa Tikkakoskesa
on ollu pakasyö ja pakaskossi
kiusaamasa veenneitua
niille on tullu kylymäsä hiki
ko ilima nuin huuruaa

Koskesa on kivillä valckoset jääparrat
ja rannasa kaisloilla huurreripset
venneen airokki on kuurasa
riitteesä olis liukasta kulukia
vaan vielä on vesi vappaa
ja voi vaikka sumusa souvella

23. Seihtemän jääpuikkua

Rästäästä roikkuu
seihtemän jääpuikkua
niitä on hupanen kahtua
ko räntää sattaa taivaalta

Jo vain
tullee ketunleipiäki ikävä
  pimiäsä kävellesä
pittää muistella
kuinka kesällä saa astella
ja räknätä apilankukkia
ja pääskysten lentua kahtella

Tirpalla on takatalaven tulo

24. Hapanta sajetta

Rästäisä oli ennen
valakiat lauvvat
nyt viheriän kirijavat ja
hommeesa
ko hapanta sajettu tullee
mehtän reunasa
no ei se siihe lopu
pottupeltoki muranen
aina näin kevväällä
kurraa kantautuu tuppaan

25. Se on menua sitte

Tien reunasa aurauskeppi
palijo valakiaa lunta,
kinos nostettu korkiaksi läjäksi
jolta kossit mäkiä laskee

punaset ja siniset pulukat
vaan silimisä vilisee

ja tytöt villinä kilijuvat
ko eivät tohi laskia alas

yks korjaa
vinnoon mennyttä pipua
toinen immee lunta lapasista
ja vahingosa pullukkaan istuu
    se on menua sitte

26. Kylymällä

Pakasella kusiki jäätyy potasa
makisa sonta korkiaksi tapuliksi
melekeen kiinni ahterisa
ko käy lykkäämäsä tarpeita
   huonua on istua
kylymäsä ulukohuusisa
miinusasteilla

Yhen hyvän tiijjän
ei vanahoista tekosista
kylymäsä hajut
nokasa tunnu

27. Jouvvat niistellä

Ookkonä tulosa vai
menosa ihimisten ilimoille?

Hoksasikko
että räkä roikkuu nokasta?

Jokku voi sanua,
on se kauhiaa
ko aikusella miehellä
ei oo taitua
ees ommaa nokkaa
räästä siivota

Ala joutua kotua kylille
ota völjyyn räkäliinoja
jotta, ko pysähyt
jouvvat sitte niistellä

28. Kilipailua

Tuota menua en kaipaa

ko äänet korvisa paukkuu

vormulat rullaa asvaltilla

kauhiaa vauhtia

kurveisa jarraavat

etteivät luisu

putua kiliparatalta

sattaa kumia ko

pensan kärysä kaahaavat

ja palakinnoille ookaavat

29. Noijan kuva, ruma

Panivat syrijään
kelevottoman tekeleen
jota ihhailin monet vuojet
luullen hyväksi

Naurovat selijän takana
ko taitua puuttu

Rattorisaki renkaat tyhyjänä
eikä talosa oo hevosta

Kuka sitä potkukelekalla
isua säkkiä jaksaa siirtää
ko tieki melekeen sula

nii ja sitä halakotekelettä
veistettyä noijan kuvvaa
usiasti mietin, ko on ruma

30. Kirijan luku

Välys, kapia rako
sitä sihtaan tarkasti
jotta ei näkyä haittaa
Johan nyt toki!

Otin rommaanin kässiin
ja istahin pettiin, sitte
oikasin selijälleen

Ohojasin kirijan kohti valua
joka ravosta paisto ja sitte
ko oli valua tiirasin kertomusta

Antauvvuin tarina lummoon
hehkiän hemasevvaan värssyyn
kauniin ja komian kanssa
Mitä ny sitte?

Romantiikkaa tarijosi rivit
jokka iliman valua ois ollu
yhtä pimiää tai ainaski hämärää

Piti lukia kirija loppuun asti
yhellä makkuulla meni
tosin aamuun asti

31. Illalla kipiä

Vikatteella on hitonmoinen hupi
katkua ehejiä varsia lyhyviksi

Eihän se ite, mutta mies eli kossi
tykkää levveillä että kaato
ko heilu koko ruppi laijjasta laitaan

Oli kokua ja näkyä
ihan silimiin sattu

Oli illalla kipiä
ja vikate naulasa ehyenä

32. Tinttaruutu

Repiää riemu
ko kevväällä lumi sullaa
    saajaan tinttaruutu piirtää
muraseen pihhaan

Vappuna pannaan tennarit jalakaan
ruujusta yks hyppy alakaa
    alusa vähä kurraa roiskuu
vaan äkkiä se ongelma poistuu
ja pahimmat ravat väistää

Ei voittua korvaa mikkään
ja hävinny voi noitua pitkään
    katkeran sulosta se on kuunnella
ko vaihetaan tinttaruutu narruun
tai kymmeneen tikkuun lauvalla

On se hupasta
sanon vaan

33. Pehkuisa

Kahtelen kylymää peltua
lahua aitaa ja vanahaa latua
ohhuista rangoista tehtyä
   on puolillaan heinää

Oishan se kivvaa
lajosa pehkuisa nukkua
   ei olis kylymä
jos kahestaan
vois kisuta ja rymytä
välillä päät ja jalat
melekeen katosa

vanaha lato
sinne vielä ehtis
ko täsä kyläsä
ei vielä oo paalikonneita

34. Misä ja millon

Irtuaa ryhymäsä ilo
sillon ko rupiaa rymyään
   hymysä suin moni
ryykää kiireellä kyssyyn, kuka
misä ja millon tanssataan
   poski poskia vasten

35. Monta halakua

Ellää tahon
en vielä tohi kuolla…
   ko on rantteella
monta halakua pätkittävä
halavottava ja pinottava
pilikottava
   monneen raasuun
ja rustattava tulet
ko vielä näin kevvääläki
yöpakaset pyrkii sissään
   joutesa joutaa halakoon
pyssyy kartanollakin lämpymänä

Varua pittää
ko puuta sahhaa, halakoo ja pinuaa
voi pino mennä nurin ja kaatua

36. Juuaanko kahavit

Kahtottu on paikat
kojettu kovat ja pehemiät
rukkoilla pittää lujasti
kahtua uskomata kahesti, ainaski

ko vuojet piirti urat naamaasi
katuaa kaunis ja komia,
lopulta on ennää
pelekkä hoipertelija
nojjaamasa rollaattoriinsa

Kahtottu on paikat kojetut
kuunneltu juorut, jutut hojetut
rukkoilla pittää silti lujasti
ko käskettiin kahtua perrääsi
hymmyillä
ja sanua koriasti päivää

Juuaanko kahavit lopuksi
    ja syyvvään yksi pipari

37. Läjä pottuja

Perunakellarin laarisa
on läjä multasia pottuja
pohojanmaan puikulaa
soikiaa ja pikkusen punasta
niin hyvvää että soi
ko ei keitä liian pehemiäksi

38. Kansakunnan toivot

Rapakosa tai sen takana
on monta kurahoususta penskaa
kaikki ko kilijuhanhia
pittää koko ajan olla äänesä

Millä säätää volluumia
hilijasemmaksi panna,
komentaa olleen kunnolla kartanolla
muijen ihimisten ilimolla

Hyi kauhia mitä kakaroita
kossikki luulee olevansa koviksia
äijjille harmiksi ja akkoille kiusaksi
kansakunnan toivot

39. Jalakojen hoitua

Välijäsä veesä ko varpaitasa uittaa
tullee puhasta, melekeen valakosta
ihua sitte voijjellaan ja väri pallaa entiselleen
mitä ny kynsien reunosa kovettumat
ne pyssyy, on jääneet vaalioiksi

Niitä ko rapsuttaa
lähtee liijjat pois

Hienua jäläkiä se jalakahoitaja tekkee
ei siittä kotona nuin nättiä saisi
yhestäkään varpaasta eli kynnestä
mutta ko ei ole varraa hoijjattaa
niin pittää ihte keittiösaksilla leikata
että kynnenpalat sinkuaa pitkin lattiaa

Vahavoja ovat. Kynnet. Ja valakiaa kuiva iho.

40. Ootimma toista kipaletta

Pantiin polokaksi

kihosi hiki ohtaan

ja kasteli kainalua

Kesti hetken soittua

sitte lakkasi

pyssäytti tanssinki

Pijit keviästi

kiinni olokapäästä

minä käjet lanteilla

Ootimma toista kipaletta

minnuutin hyvinki

sitte kajahti tahti askelille

41. Rimppakinttu

Rimppakintulla on laihat jalat

hontelot ko just syntyneellä juottovasikalla

joka immee tuttipullua

ja ehtii tasapainua (jotta ei kaaju)

Rimppakinttu ossaa tanssatakki

vettää ripaskanki tosta nuin vaan

vaikka näyttäs, että on laiha lihhaa vajjaa

vaan tanssia ossaa, ei nävy rasittuvan

On se sulosta seurata

heikoksi luultua

ja ihhailla sen sulavaa menua

42. Mustelma mummoon

Leviä, leviämpi, kapia

ilonen, ilosempi, mahoton

ootas ko kahton

    johan nyt on

no mitä ny sitte,

kaajuin

niille töilleen, kummoon

tuli mustelma mummoon

43. Kuhtumaton

Kuhtumaton vieras
majjailee talosa

katuaa ko sitä ehtii

jätti raapimajälijet
verannan toolille

raanusta purki lanka

katti ei sitä keheränny

pöyvvän alta
näkkyy jalaka ja häntä

jos sitä kuhtuu
saattaa taas kajota
kissa

44. Vieras rantteella

Ryykäsin kartanolle kahtoon
ko kettu juoksi pitkin peltua
naapurin rantteelle päin

Mahtaako se halakua ehtiä?

45. Ketun häntiä

Raato ko on komiat tulet

ihan mahottoman upiat

revontulet

taivaan täyvveltä

ketun häntiä

46. Viisas ei pyyvvä

Nuin aattelin tehä
koluta nurkisa ja ehtiä
sopivan keinon raatata
puhua pehemosia
ko järki oli kajonnu

Alavariisa ne puhhuu
muukki, sannoo jotta
tyhymä se on ko vaan kahtoo
eikä sano mittää,
mikä lie aivoinvaliiti

Rykäsin kahesti
ja sannoin ettei pöhölö sano
jos viisas ei pyyvvä eli käske
raatata vaikka lämpymiksi
ees sen verran
jotta saa sanua

47. Komiaa kelosta

Komia on keloarkku
aitua honkaa erämaasta

Karjalan kunnailla kaajettu
kulijetettu läpi Suomen
monta runkua rattorin peräkärrysä

pakasella olivat matkasa
korkioitten hankien keskellä
viimein kartanolla läjäsä

siitä sai monta kuolinkomerua
menneille, aikasa uhonneille

48. Ihanan lämmin

Henkinen villapaita

ihanan lämmin ja aito

49. En vihti sanua

Rummaa
en vihti
komiaksi sanua
enkä kaunista kehua
ylypiäksi tullee

50. Suurta nautintua

Lempiä on tuuli

keviä sen kosketus

kuhtuu vilusen

ulos kessään

tarjuaa suurta nautintua

löhötä lämmösä

viipyä ilta-auringosa

vähisä vaatteisa

On se hempiää

kesäyösä lempiä

ja synnyttää muistoja

elämän pittuisia

sen kutinan

tuntee rupisa

51. Vuojet meni

Vuojet mennä viuhahti

ko naapurin akka kaivoon

Kiitos

Suu vehenäsellä kiitän
lakki kourasa
    pää palijaana
        vieläki iliman pipua..

Sanojen purosa,
joka vilikkaasti virtaa
on vaarana eksyä
    hukata
        oikiat ilimasut
iliman Isokäännän Pirkkua

Hirviästi kiitoksia Pirkkolle
ja Teille jokkaiselle!

Mauri